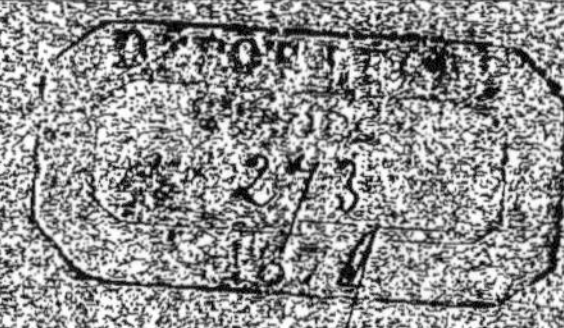

LA MEULERIE DE LA DORDOGNE

LA MEULERIE DE LA FERTÉ

POLÉMIQUE

insérée en partie par le journal l'**Echo agricole**, de Paris

ET RENDUE COMPLÈTE PAR LA PRÉSENTE BROCHURE

Publiée par Vᵉ **LESPINASSE** ᴇᴛ Fils Frères, *de Bergerac*

MM. TOUAILLON,
Vᵉ LESPINASSE & FILS FRÈRES,
VIEILLE-GATTELIER.

BORDEAUX
IMPRIMERIE G. GOUNOUILHOU
11, RUE GUIRAUDE, 11

1879

LA MEULERIE DE LA DORDOGNE
LA MEULERIE DE LA FERTÉ

POLÉMIQUE

Insérée en partie par le journal l'**Écho agricole**, de Paris

ET RENDUE COMPLÈTE PAR LA PRÉSENTE BROCHURE

Publiée par Vve LESPINASSE ET FILS FRÈRES, *de Bergerac.*

MM. TOUAILLON.
Vve LESPINASSE & FILS FRÈRES.
VIEILLE-GATTELIER.

BORDEAUX
IMPRIMERIE G. GOUNOUILHOU
11, RUE GUIRAUDE, 11

1879

PRÉFACE

Le refus qui nous a été fait par la rédaction du journal l'*Echo agricole de Paris,* d'insérer dans ses colonnes nos dernières réponses, alors que nous l'y avons légalement sommé par acte public en date du 19 décembre 1878, signé Jean Dupuy, huissier, rue d'Aboukir, 56, nous a mis dans l'obligation, sous peine de rester nous et nos produits sous le coup d'accusations aussi fausses qu'imméritées, de recourir à publier notre polémique sous forme de brochure.

Vᵛᵉ Lespinasse et Fils Frères.

Insertion parue au n° du 2 août 1878
*de l'*Écho agricole.

Dans ses appréciations générales touchant les diverses collections de meules qui figuraient à l'Exposition universelle, M. Ch. Touaillon concluait ainsi :

« Il résulte de l'état qui précède, que La Ferté est le centre principal et presque unique de la meulerie du monde. Ceux qui fabriquent des meules sur d'autres points, emploient le plus souvent la pierre de La Ferté qui, seule, en effet, possède des gisements fournissant la pierre avec laquelle on construit les meules indispensables pour une mouture perfectionnée.

» Nous ne disons pas que toutes les pierres de La Ferté soient aptes à faire de bonnes meules ; il est notoire au contraire que celles-ci y sont en minorité, mais ce n'est que là qu'on les y trouve ; cela explique le petit nombre de meules envoyées à l'Exposition par les nations étrangères.

« Signé : Ch. Touaillon. »

Aux conclusions qui précèdent, Mme Vve Lespinasse et fils frères, fabricants de meules à Bergerac (Dordogne), font en qualité d'exposants la réponse suivante :

*Insertion parue au n° du 1er novembre 1878 de l'*Écho agricole.

« Bergerac, 27 octobre 1878.

» Monsieur le Directeur,

» Connaissant la sollicitude dont vous avez toujours fait preuve envers la meunerie et l'empressement que vous avez mis à insérer dans votre journal les articles pouvant lui être profitables, nous venons demander l'hospitalité de vos colonnes afin de présenter quelques observations aux critiques de M. Touaillon que vous avez publiées dans vos numéros des 26 et 30 juillet, 1er et 2 août, relativement à l'exposition des meules à moulins du groupe VI, classe 52.

» Par la même occasion, vous nous permettrez de demander à MM. les membres du jury qui ont fait le classement des récompenses quelques renseignements qui pourraient nous être utiles, si, à une prochaine exposition, nous voulons concourir avec plus d'avantages.

» Si nous n'avons pas répondu plus tôt aux critiques de M. Touaillon, c'est qu'en qualité d'exposants il nous déplaisait, alors que le verdict du jury n'était pas rendu, d'intervenir dans une discussion où nous étions partie.

» Aujourd'hui que tout est terminé, nous demanderons à M. Touaillon, qui se déclare si nettement dégagé de toute partialité, pourquoi il a cherché à tant élever le mérite de certains fabricants de La Ferté, en parlant par exemple de la composition de leurs meules montées sur des boitards de même qualité que la partie moulante! D'autres collègues ont cependant monté pareillement leurs meules *(et tacuit). Que ne parlait-il des meules dites Bordelaises, exposées par des fabricants de Bergerac, qui ont une épaisseur massive de 30 à 35 centimètres et qui sont composées sans boitards en trois ou quatre morceaux de même qualité et de même nature et qui aboutissent directement de la circonférence à l'œil.*

» Pourquoi prétendre que La Ferté est le centre de la meulerie du monde et que les fabricants des autres points sont tributaires de ses carrières, alors qu'au contraire ce sont les fabricants de La Ferté qui achètent des pierres de toutes provenances? *Nous en avons les preuves en mains.*

» Et enfin pourquoi venir affirmer que, seules, les pierres de La Ferté peuvent faire une *mouture perfectionnée*, alors que des *meuniers de Bordeaux*, qui viennent d'obtenir la *médaille d'or* pour leurs produits, après avoir essayé des meules de La Ferté mises en parallèle avec les nôtres, les ont remplacées par des *pierres de Bergerac*, et que c'est le travail de ces dernières qui a été ainsi récompensé?

» Avant d'être aussi exclusif, M. Touaillon devrait au moins s'instruire un peu sur ce que sont nos pierres et sur leurs résultats; car autant il semble initié sur les carrières de La Ferté qu'il désigne par leurs noms, autant il ignore ce que sont celles de la Dordogne dont il ne fait aucune énonciation.

» Quant au jury, qui, nous nous plaisons à le croire, n'a pas dû se laisser influencer par les appréciations de M. Touaillon, pourrait-il nous instruire sur les motifs qui l'ont déterminé à n'accorder qu'une récompense dérisoire aux meulières de Bergerac?

» Serait-ce parce que les meules de ces carrières sont d'une pureté homogène comme nuance et qualité, et exemptes de taches blanches, tandis que la plupart de celles de La Ferté en sont couvertes?

» Serait-ce parce qu'au lieu d'avoir *6 à 7 centimètres* d'épaisseur comme les prénommées, les nôtres atteignent *55 centimètres de pierre perçante et massive de même qualité sur les deux faces?*

» Serait-ce parce qu'au lieu d'être composées *d'une trentaine de morceaux,* elles sont *monolithes* ou en *trois* ou *quatre pièces?*

» Serait-ce le manque d'unissage excessif de nos meules, alors qu'il suffirait de quelques heures de mouture pour le leur donner, qui leur enlève tout mérite, même celui d'avoir une *durée dix fois supérieure* à celles qui ont obtenu les plus hautes récompenses?

» Serait-ce d'après l'avis de meuniers pratiques qui, ayant fait usage des meules de toutes provenances, auraient déclaré que celles de Bergerac ne pouvaient faire de bonnes farines?

» Ou bien enfin seraient-ce les indications de M. Touaillon qui, prétendant que seules les meules de La Ferté pouvaient faire *des moutures perfectionnées,* auraient ainsi éliminé les nôtres des récompenses?

» Nous serions heureux de le savoir; mais dans le cas où nos questions resteraient sans réponse, nous croyons de notre devoir de faire remarquer à Messieurs les meuniers que, dans beaucoup d'usines du Midi et du Centre, nos meules ont fonctionné en parallèle avec celles de La Ferté, et ont obtenu la préférence sur ces dernières, tant au point de vue des résultats que de la durée. Et afin de prouver qu'elles font aussi *des moutures perfectionnées,* nous devons ajouter que ce sont les produits de leur travail qui viennent d'obtenir des *médailles d'or.*

» En attendant, agréez, Monsieur le Rédacteur, l'expression de nos sentiments distingués.

» Vve LESPINASSE ET FILS FRÈRES. »

Ces derniers croient utile de faire remarquer que dans la colonne *antérieure* à celle qui contient leur réponse on pouvait lire l'entrefilet suivant :

« Nous recevons la lettre suivante que nous publions *in extenso.* Le manque de place ne nous permettant pas de donner aujourd'hui la réponse de M. Touaillon, celle-ci paraîtra dans notre prochain numéro :..... »

Il y a donc tout lieu de croire, d'après les lignes qui précèdent, que la réponse de Mme Vve Lespinasse et fils frères avait été communiquée à M. Ch. Touaillon par la rédaction du journal avant que l'insertion y en fût faite.

M. Ch. Touaillon, pensant trouver une arme dans la réponse qui précède, s'efforça de la combattre par les commentaires suivants :

Insertion parue au n° du 4 novembre 1878
de l'ÉCHO AGRICOLE.

« Mme Vve Lespinasse et ses fils, négociants en grains et fabricants de meules, se plaignent, et de l'opinion que nous avons émise sur la valeur des pierres dites de Bergerac, et du jury qui n'aurait attribué aux meulières de cette contrée qu'une récompense dérisoire.

» Nous ne demandons pas mieux que de justifier notre avis; quant au jury, il se défendra si cela lui plaît, mais nous tenons beaucoup à ce qu'on ne nous attribue pas la moindre part dans ses décisions.

» Ce qui contrarie MM. Lespinasse, c'est que nous ayons dit que la pierre de La Ferté-sous-Jouarre était supérieure aux meulières de toutes les autres provenances, sans désigner spécialement Bergerac. C'est cependant une vérité notoire, que

personne, autres que nos honorables contradicteurs, n'oserait
contester. Nous n'avons jamais prétendu que toutes les meules
de La Ferté-sous-Jouarre fussent supérieures et seules en état
de moudre du grain, mais qu'on y trouvait seulement celles qui
conviennent à la meunerie perfectionnée. Le silex molaire de
cette contrée est d'une nature bien différente des autres gisements, il n'est pas aussi achevé, aussi pur que celui de Bergerac,
qui est cristallisé et d'une netteté remarquable, comme la pierre
à fusil, mais ces qualités constituent son infériorité relative.
La pierre de La Ferté-sous-Jouarre n'étant pas cristallisée, le
marteau peut y former des ciselures bien tranchées qui résistent
pendant sept à huit jours; celle du Midi s'éclate et s'émiette,
à ce point qu'on est forcé de se servir de marteaux pointus. Il en
résulte qu'on ne peut y pratiquer le rhabillage anglais, qui ne
durerait pas.

» MM. Lespinasse présentent comme une supériorité l'*épaisseur*
de leurs meules, qui peuvent, à cause de leur *homogénéité
naturelle*, être d'une *seule pièce* sur une *épaisseur de 30 à
35 centimètres*. Certes, *la régularité* dans la qualité des pierres
qui composent une meule est *une chose importante;* les fabricants
de La Ferté n'ont pas la faculté de la trouver toute préparée
par la nature, mais ils y parviennent à l'aide d'un travail
exigeant une grande habitude; leur fabrication n'est pas, comme
à Domme, une simple taille de pierre, elle exige un ensemble de
connaissances et d'appareillage qui constituent un art véritable,
c'est ce qui fait leur mérite. L'épaisseur est aussi une considé-
ration à cause de la durée qu'elle assure; cependant la chose
principale pour un meunier, c'est d'avoir de la bonne pierre;
elle est l'organe principal de son moulin. D'ailleurs, des meules
de bonne qualité, ayant de 6 à 7 centimètres de travail, durent
cinquante ans; elles ont le temps, dans cette période, d'amortir
leur coût par les profits qu'elles procurent.

» Mais, disent MM. Lespinasse, des meuniers de Bordeaux
» qui travaillent avec nos meules ont obtenu des médailles d'or
» à l'Exposition; ils nous ont donné la préférence pour remplacer
» des meules de La Ferté-sous-Jouarre dont ils n'étaient pas
» satisfaits. »

» Nous ne connaissons qu'une médaille accordée à une
minoterie de Bordeaux, cette récompense est motivée sur le bon
état d'étuvement de ses farines d'exportation, farines rondes
qui n'ont aucune analogie avec la mouture affleurée adoptée
aujourd'hui presque partout. Dans tous les cas, cela ne prou-
verait qu'une chose, c'est que celui ou ceux qui travaillent avec
des meules de Domme, qu'ils trouvent supérieures, avaient de
mauvaises meules de La Ferté ou qu'ils ne savaient pas les tenir

en moulage. *Nous ne serions pas fâché que ces messieurs voulussent bien confirmer cette assertion de MM. Lespinasse.*

» Ces derniers nous blâment, d'un côté, d'avoir soutenu que La Ferté était le centre de la meulerie du monde; puis ils disent, dans une autre partie de leur lettre, que les fabricants de ce pays achètent des pierres de toutes provenances; ils nous donnent raison et reconnaissent que nous sommes en droit d'affirmer que La Ferté est en état de fournir, non seulement les meilleures meules, mais aussi toutes les sortes qui conviennent aux industries nombreuses qui ne tiennent qu'au poids et à l'épaisseur, qu'ils ne trouvent pas dans leurs gisements.

» Ch. Touaillon. »

Le directeur de la Société meulière du Bois-de-la-Barre, croyant à l'opportunité de ses allégations aussi fausses qu'effrontées, s'empresse d'adresser à l'*Echo* la lettre suivante :

« La lettre de la maison *V*ve *Lespinasse et fils frères de Bergerac*, que nous avons publiée samedi dernier, nous attire une réclamation de la *Société anonyme meulière du Bois-de-la-Barre*. Ayant accordé une place à la première, l'impartialité nous fait un devoir d'en faire autant pour la seconde.

» La Ferté-sous-Jouarre, 5 novembre 1878.

» Monsieur le Directeur,

» Je lis dans votre estimable journal une lettre signée Lespinasse. Cette lettre attaquant les meules de La Ferté, je crois de mon devoir d'y répondre par les quelques observations suivantes :

» Les mauvaises pierres de La Ferté-sous-Jouarre sont à peu près de la qualité des meilleures de Bergerac. On ne trouverait pas un meunier qui osât établir un parallèle entre les pierres de qualité de La Ferté et celles de Bergerac.

» Il y a encore à La Ferté pour des siècles des gisements de pierres de meule de qualité supérieure, et l'on trouve facilement dans les *fabriques sérieuses* de cette ville des meules dont l'épaisseur peut être garantie de 12 à 15 centimètres.

» 15 centimètres d'épaisseur pour la pierre vive et ouvrière de La Ferté auront plus de durée que 30 centimètres de la pierre de Bergerac.

» Votre correspondant de Bergerac affirme que les pierres

sont quelquefois achetées par les fabricants de La Ferté; ceci n'est malheureusement que trop vrai : à La Ferté on trouve, comme dans toutes les industries, des *faiseurs* qui s'intitulent propriétaires de carrières renommées de La Ferté et qui fabriquent des meules d'Épernon, de Bergerac, de Nogent, etc., à bas prix. Ces meules partent de La Ferté pour le malheureux acheteur qui a eu confiance dans une réclame plus ou moins fausse et n'a pas exigé une garantie d'origine; mais il ne faut pas que les fabricants de Bergerac confondent ces *agioteurs* avec les *fabricants sérieux* de La Ferté.

» Qu'ils citent les maisons qui emploient leurs pierres, mais qu'ils *ne généralisent pas,* car, au nom de certains confrères et au *nom de notre maison, je m'inscris en faux contre leurs assertions.*

» Il y a trop longtemps que, dans le Midi, on répand le bruit qu'il n'y a plus de pierres de bonne qualité à La Ferté. Permettez-moi de protester contre ces dires. Il y a toujours à La Ferté de belles et bonnes pierres, et les *maisons sérieuses* n'emploient que ces pierres dans leurs fabrications.

» Que les meuniers qui tiennent à être servis consciencieusement demandent, en commandant leurs meules, une garantie de provenance, et l'on verra bientôt les *maisons sérieuses,* réelles propriétaires, mettre à néant les *contrefacteurs,* car alors il n'y aura plus de dupes.

» En finissant, permettez-moi de dire à MM. Lespinasse qu'ils s'exagèrent l'importance des récompenses de l'Exposition; l'homme n'est pas parfait, le membre du jury pas plus qu'un autre. S'ils n'ont pas de médailles d'or, qu'ils se consolent : ils sont en bonne compagnie.

» L'avenir est au plus sage.

» Agréez, etc.

» *Le Directeur* : Vieille-Gattelier. »

Aux lettres qui précèdent de M. Ch. Touaillon et Vieille-Gattelier, visant nominativement **MM. Lespinasse** et leurs produits, vu qu'ils y sont mis en demeure d'appuyer leurs assertions par des preuves et des attestations, ces derniers ont cru devoir adresser à l'*Écho,* pour être insérées dans un prochain numéro, les lettres suivantes :

« Bergerac, le 14 novembre 1878.

» Monsieur le Directeur,

» Nous ne pouvons laisser passer sans réplique les commentaires de M. Touaillon, insérés dans votre numéro du 4 courant et touchant l'article paru sous notre signature le 2 du même mois.

» Ce dernier persiste à dire que les meules de La Ferté sont supérieures à celles de Bergerac, mais il n'appuie ses assertions sur aucune preuve ; ses appréciations lui sont toutes personnelles et, loin d'être établies sur des expériences comparatives, elles reposent uniquement sur l'aspect des meules qu'il a vues à l'Exposition.

» Cependant il ne peut s'empêcher de reconnaître que nos *pierres de Bergerac sont cristallisées, d'une homogénéité parfaite et d'une netteté remarquable.* Ce sont là, n'en déplaise à M. Touaillon, les données qui nous sont imposées par les meuniers qui, par expérience, savent à quelles conditions doivent répondre les meules pour être bonnes ; aussi les plus compétents nous recommandent-ils les *meulières pures, saines et homogènes.*

» La nature qui a doté nos carrières de *gisements puissants* qui presque toujours répondent à ces conditions, nous a positivement favorisés, et M. Touaillon lui-même en révèle inconsciemment les avantages, quand il dit que la *régularité* dans la qualité des pierres est une *chose importante* et que les fabricants de La Ferté sont obligés d'y pourvoir à l'aide d'un travail exigeant qu'il qualifie d'art véritable. A cet égard nous ferons remarquer à M. Touaillon *qu'à Bergerac aussi,* pour utiliser les blocs d'un volume restreint, les fabricants font preuve de connaissances sur l'appareillage, mais qu'il ne s'emploie cependant dans la composition de ce genre de meules, *aucun morceau* ayant la *minime épaisseur* qu'il attribue aux produits de La Ferté, car il est dérisoire de dire qu'une meule qui n'a qu'une *épaisseur de 6 à 7 centimètres de pierre* peut durer *cinquante ans,* alors que dans bien des contrées où nous introduisons nos meules, les meuniers, loin de trouver des bénéfices avec les meules de La Ferté, prétendent qu'elles font *leur ruine,* car il faut les remplacer tous *les six à huit ans.*

» Mais prenons les dires de M. Touaillon, et pourquoi ces antithèses?

» Lorsqu'il s'agit des pierres de *Bergerac,* il critique les avantages dont elles sont douées parce qu'ils leur *viennent de la nature,* et quand il parle de celles de *La Ferté* auxquelles ces avantages *font défaut,* il reconnaît qu'il est essentiel d'y suppléer par l'appareillage.

» Pourquoi M. Touaillon, après avoir annoncé, dans ses conclusions insérées au numéro du 2 août dernier, que La Ferté est le centre de la meulerie du monde et que les fabricants de meules des autres points sont tributaires de ces carrières, change-t-il de thèse aujourd'hui que nous lui prouvons péremptoirement le contraire, en confirmant le bien fondé de nos protestations publiées le 2 novembre?

» Il nous en coûte de dire ces vérités, mais M. Touaillon se déjuge par trop facilement, et il commet des inconséquences que nous laissons à chacun le soin d'apprécier.

» Nous n'aurions jamais pensé que M. Touaillon eût mis en doute nos assertions et désiré qu'elles fussent appuyées par des attestations ; nous avions meilleure opinion de lui et, en pareille circonstance, nous aurions cru à sa parole ; mais puisqu'il n'en a pas été ainsi, nous dirons à M. Touaillon : Qu'au **moulin de Laubardemont**, exploité par **MM. Bertrin et Cᵉ, de Bordeaux**, lauréats de l'Exposition de 1878 *(médaille d'or pour farines)*, fonctionnent constamment 18 paires de meules dont 7 paires, fournies par notre maison en 1850, ont encore 23 c. d'épaisseur toute pierre, et qu'en 1868 cette maison voulant faire un essai des meules de La Ferté s'adressa à une maison *sérieuse* pour 5 paires qui furent d'autant plus recommandées que la question de prix ne joua qu'un rôle secondaire ; alors il s'agissait de savoir si leurs résultats dépasseraient ceux de leurs similaires fournies par nous. Nous aimons à penser qu'en cette circonstance la maison de La Ferté livra ses meilleures meules, et il s'est fait depuis lors de nombreuses expériences d'après lesquelles les meules de La Ferté sont loin d'avoir prévalu sur les nôtres quant aux résultats, et nous en trouvons la preuve dans la fourniture de *8 autres paires* que cette maison a bien voulu récemment nous confier et qui fonctionnent depuis plusieurs mois. Nous affirmons, preuves à l'appui, que ces dernières produisent avec avantage la *mouture affleurée* dont parle M. Touaillon, mais qui est loin d'être aussi recherchée comme il semble le dire. Certains meuniers trouvent leur compte à faire cette mouture, mais c'est l'exception, car les moutures rondes sont généralement très estimées tant au point de vue du corps et du rendement des farines, que pour le profit des meuniers et des boulangers.

» Les *meules de Bergerac* produisent les unes et les autres avec le même avantage. Si M. Touaillon entend parler de mouture théorique et scientifique, nous lui laissons complètement le soin de traiter ce sujet, nous ne l'y suivrons pas.

» Mais, puisqu'il ne connaît qu'un seul fabricant de farines de **Bordeaux** ayant obtenu la *médaille d'or*, qu'il nous permette de porter à sa connaissance que **MM. Dublaix fils frères**, lauréats de l'Exposition de 1878 *(médaille d'or pour farines)*, exploitent un moulin à vapeur à 9 paires de meules, la plupart originaires de *Bergerac*, qu'ils ont essayé des meules de La Ferté, recommandées pour la circonstance, et qu'ils n'ont obtenu de ces dernières aucune supériorité sur *les nôtres*, et la preuve en est dans la commande *de 4 paires* que cette maison vient de nous confier et que nous préparons actuellement.

» Quant à la durée, il n'est pas utile d'établir de comparaison, celle des nôtres est **décuple**; ce fait est ostensible, palpable. Mais nous devons ajouter en outre que les usiniers susnommés certifient que nos meules se rhabillent uniquement et avec succès, soit au marteau plat, soit à la rhabilleuse au diamant et que la rhabillure résiste aussi longtemps que sur celles de La Ferté. Qu'il nous est agréable d'apprendre par la plume autorisée de M. Touaillon que là où les meules de *La Ferté* ne sont pas préférées aux nôtres, c'est parce qu'elles sont *mauvaises* ou qu'on ne sait pas les tenir en moulage! cette *naïveté* nous fait plaisir, car il en résulte que si on ne sait pas se servir des meules de *La Ferté* pour l'usage desquelles il faut des *rhabilleurs spéciaux et d'un talent émérite*, il n'en est pas de même pour celles de *Bergerac* qui donnent *entière satisfaction avec moins de difficulté*.

» Nous pourrions citer un grand nombre de nos clients qui exploitent des usines importantes dans les principales villes de France, et qui se feraient un plaisir de contresigner les attestations qui précèdent.

» Et, de ces faits, il n'en reste pas moins avéré que M. Touaillon, qui peut avoir de grandes connaissances à La Ferté, n'est pas aussi heureux dans la Dordogne.

» V^{re} LESPINASSE ET FILS FRÈRES. »

«Bergerac, le 14 novembre 1878.

» MONSIEUR LE DIRECTEUR,

» La lettre du directeur de la Société meulière du Bois-de-la-Barre, publiée à notre adresse dans un numéro du 7 octobre et que nous recommandons tout particulièrement à vos lecteurs, nous invite à une réponse que voici :

» *Les meules de Bergerac sont de beaucoup supérieures à celles de La Ferté tant au point de vue des résultats que de la durée; les attestations contenues dans la lettre qui précède adressée à M. Touaillon, suffisent pour l'établir;* nous pourrions les multiplier, mais nos meules se recommandent assez par elles-mêmes; les faits sont palpables, évidents et sautent assez aux yeux de quiconque veut s'en rendre compte. Le directeur de cette *sérieuse* Société du Bois-de-la-Barre qualifie de *faiseurs et d'agioteurs ceux de ses confrères de La Ferté* qui achètent les pierres ailleurs et au nom de *sa maison il s'inscrit en faux contre nos assertions*, il nous impose même de ne pas généraliser et de faire de la délation. Nous ne pouvons reculer, et soulevant légèrement le voile, que trouvons-nous dans un recoin : *des lettres, et elles ne sont pas suspectes, que la Société du Bois-de-la-Barre nous a récemment écrites* et tendant à nous faire des achats de nos pierres par *milliers de pieds;* sur sa demande nous lui avons fait même envoi d'échantillons dont elle nous a accusé réception. Nous ajouterons que ne pouvant par convenance lui déclarer carrément qu'il nous déplaisait de lui fournir nos produits, nous avons fait subir pour la circonstance à nos prix une surélévation qui seule a mis fin à nos relations. *Si le directeur de cette maison* a besoin de notes pour faciliter ses recherches, nous les tenons à sa disposition, lui offrant même de lui adresser par la voie du journal les copies des originaux que nous avons en main. Qu'il nous permette en terminant de lui retourner ses railleries au sujet des médailles d'or, et s'il n'en a pas eu, il lui était au moins plus facile, avant d'écrire sa lettre, de méditer le vieux proverbe arabe : *La parole est d'argent et le silence est d'or.*

« Vve LESPINASSE ET FILS FRÈRES. »

A la date du **22** novembre, les soussignés, voyant que le journal n'avait pas encore fait l'insertion de leurs réponses, adressèrent à son directeur la lettre de rappel suivante :

« Bergerac, le 22 novembre 1878.

» *Monsieur le Directeur du journal l'ÉCHO AGRICOLE, à Paris.*

» A la date du 14 courant, nous vous avons adressé deux lettres avec prière de les insérer dans un de vos prochains numéros. Cette publication n'ayant pas encore paru, et ne sachant à quoi attribuer ce retard, nous vous prions de nous dire en retour du courrier si nos précitées vous sont régulièrement parvenues, et si nous devons en attendre l'insertion dans un de vos prochains numéros.

» Dans cet espoir, agréez, etc.

Signé : Vve LESPINASSE ET FILS FRERES. »

Le 26 novembre Mme Vve Lespinasse et fils frères reçoivent du secrétaire de la rédaction dudit journal une lettre par laquelle il leur est dit que « leurs dernières réponses ne peuvent être insérées, parce qu'elles semblent attirer plutôt l'attention du public sur la supériorité des produits des intéressés, que faire avancer la solution d'une question industrielle. — Signé : Maurice Guyot, secrétaire de la rédaction. »

Etrange lutte que celle-ci, où les faibles combattent à découvert et où les forts se retranchent soigneusement derrière leurs remparts; ceux qui ont semé le vent redoutent maintenant la tempête.

Aussi Mme Vve Lespinasse et fils frères ont protesté contre cette fin de non-recevoir par la réponse suivante, dont voici les principaux passages :

« Bergerac, le 6 décembre 1878.

» *Monsieur le Directeur de l'ÉCHO AGRICOLE, à Paris.*

» Nous avons votre lettre du 27 novembre dernier, signée Maurice Guyot. Vous refusez d'insérer nos réponses. Mais c'est à ne pas y croire, car les motifs que vous alléguez n'ont aucune validité sérieuse. L'idée de réclames ou de questions industrielles ne joue aucun rôle dans ce qui nous occupe ; vous nous avez nominativement attaqués sous les signatures Touaillon et Gattelier, et nous voulons nous défendre. Or, c'est ce dernier qui visait à la réclame (et dont vous auriez mieux fait de ne pas insérer la lettre).

» Vous nous avez mis en demeure de fournir des attestations et des preuves de ce que nous avancions, et lorsque nous vous les fournissons vous nous en refuseriez l'insertion? Vous avez publié l'attaque et ne devriez pas refuser l'insertion de la défense. Si telle était votre intention de ne pas insérer nos réponses et de clore le débat après la publication de celles de nos contradicteurs, vous auriez dû l'annoncer préalablement, et dès lors vous ne nous auriez pas laissé aux yeux de vos lecteurs sous le coup d'accusations aussi injustes qu'imméritées. Un grand nombre d'entre eux que nous voyons souvent sont indignés du refus que vous nous faites, d'où il résulte que tous ceux qui n'auront pas connaissance de nos réponses nous prendront pour des imposteurs ayant avancé ce qu'ils ne peuvent prouver. La plupart d'entre eux sauraient au besoin témoigner de l'impression fâcheuse que produiraient contre nous les dernières lettres Touaillon et Gattelier si elles restaient sans réponse de notre part, etc., etc. »

La même lettre terminait ainsi :

« Si jusqu'au 19 courant vous ne nous avez pas transmis votre adhésion à faire l'insertion, vous nous aurez contraints bien qu'à regret à vous faire assigner. Pensant que vous nous éviterez ce désagrément, agréez, etc.

» *Signé :* Vve LESPINASSE ET FILS FRERES. »

Le 19 décembre 1878, l'insertion de nos réponses n'ayant pas encore paru, nous avons fait donner sommation au directeur de l'*Écho agricole de Paris* d'avoir à insérer dans le plus prochain numéro de son journal nos deux lettres du 14 novembre 1878. Le 31 décembre 1878, cette insertion n'ayant pas encore paru, nous avons préféré, pour parer à l'obstination du journal et plutôt que de l'y contraindre judiciairement, recourir à la publication de la présente brochure, laissant aux lecteurs le soin d'apprécier la part de chacun.

Vve LESPINASSE ET FILS FRÈRES.

Bordeaux.—Imp. G. GOUNOUILHOU, rue Guiraude, 11.

www.ingramcontent.com/pod-product-compliance
Ingram Content Group UK Ltd.
Pitfield, Milton Keynes, MK11 3LW, UK
UKHW022255070726
13613UKWH00005B/2304